www.tredition.de

AF204351

fitness-plan.org

präsentiert

Mach Schluss mit Diätlügen

Deine Schritt für Schritt Anleitung zum gesunden Abnehmen

© 2016 Arne Stamer
www.fitness-plan.org

Umschlag, Illustration: popdesign
Lektorat, Korrektorat: Barbara Sterzenbach

Verlag: tredition GmbH, Hamburg

ISBN
Paperback   978-3-7345-6294-5
Hardcover   978-3-7345-6295-2
E-Book   978-3-7345-6296-9

Printed in Germany

Diese Informationen wurden nach bestem Wissen und Gewissen zusammengestellt. Sie sind ausschließlich für Interessierte und zur Fortbildung gedacht und keinesfalls als Diagnose- oder Therapie-anweisungen zu verstehen. Wir übernehmen keine Haftung für Schäden irgendeiner Art, die direkt oder indirekt aus der Verwen-dung der Angaben entstehen. Bei Verdacht auf Erkrankungen kon-sultieren Sie bitte Ihren Arzt oder Heilpraktiker.

Inhaltlich Veranwortlich: Kerstin Weber

Inhaltsverzeichnis

Schlanker, leistungsstärker und fitter

Abnehmen kann jeder. Aber gesund abnehmen – das gelingt vielen Menschen nicht. Warum ist das so? Die meisten wollen zu viel zu schnell, denn wenn sie sich einmal dazu durchgerungen haben, zu verzichten, dann soll das Abnehmen innerhalb kürzester Zeit geschehen. Das kann zum einen nicht gelingen, und zum anderen ist es noch in einem anderen Sinne die falsche Herangehensweise: Wer abnimmt, muss nicht verzichten! Verzichten auf bestimmte Lebensmittel? – Ja. Aber nicht verzichten auf Genuss! Und auch hungern müssen Sie nicht. Sich satt essen, ist ein unbedingtes Ziel beim Abnehmen. Weshalb das kein Widerspruch ist, werde ich in meiner Schritt für Schritt Anleitung zum gesunden Abnehmen erläutern. In insgesamt elf Schritten können Sie innerhalb von fünf Wochen Ihr Leben umstellen. Es geht nicht darum, innerhalb dieser fünf Wochen das angestrebte Idealgewicht und die gewünschte Fitness zu erreichen, sondern es geht um die Veränderung. Mit der Anleitung können Sie es schaffen, leistungsstärker, fitter, schlanker und gesünder zu werden. Starten Sie jetzt! Folgen Sie meiner Schritt für Schritt Anleitung zum gesunden Abnehmen in diesem Buch! Für weitere kostenlose Arbeitsmittel und Fitness Tools besuchen Sie gerne unsere Community auf **www.fitness-plan.org** ☺

Was geht und was geht nicht?

Diäten und Diätlügen

Bevor wir über Diäten und Diätlügen sprechen, muss geklärt werden, was mit Diät eigentlich gemeint ist. Heutzutage haftet diesem Begriff etwas Negatives an. Das kommt daher, dass Diäten zumeist einseitig als ungesunde Reduktionsdiäten verstanden und verwendet werden. Ursprünglich hat der Begriff Diät jedoch eine andere Bedeutung. Im Lebensmittel-Lexikon findet sich folgende Definition:

Diät ist der Oberbegriff für Ernährungsformen, die sich von der üblichen Ernährung durch ihre Zubereitung, Menge und/oder Zusammensetzung unterscheiden. Diäten dienen üblicherweise der Gewichtsreduktion oder dem Vorbeugen oder Behandeln von Krankheiten. Bei Wikipedia erfahren wir zudem etwas über den Begriff Diätetik:

https://www.lebensmittellexikon.de/d0000680.php

Die Diätetik beschäftigt sich auch heute noch wissenschaftlich mit der „richtigen" Ernährungs- und Lebensweise. Im deutschsprachigen Raum bezeichnet der Begriff bestimmte Ernährungsweisen und Kostformen, die entweder zur Gewichtsab- oder -zunahme oder zur Behandlung von Krankheiten dienen sollen. Im englischsprachigen

Raum wird unter „diet" die alltägliche Ernährungsweise eines Menschen verstanden, unabhängig von gewichts- oder krankheitsbedingten Kostformen. Umgangssprachlich wird der Begriff in Deutschland häufig mit einer Reduktionsdiät (Reduktionskost) zur Gewichtsabnahme gleichgesetzt.

Das folgende Diagramm zeigt, dass rund 66 Prozent der Deutschen mindestens einmal eine Diät gemacht haben.

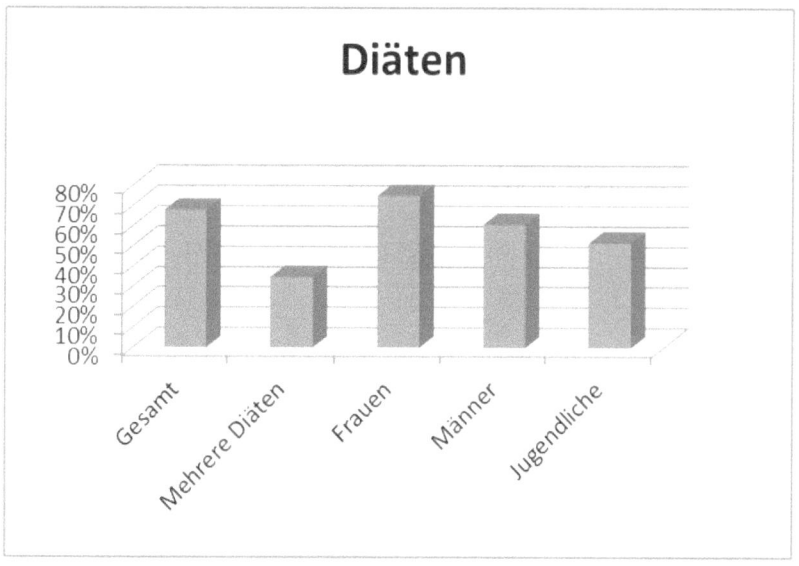

Diagramm: Anzahl der Diäten der Deutschen laut eigener Angaben in Prozent, 2012. (Grafik: fitness-plan.org Quelle: http://www.yaacool-beauty.de/index.php?article=808)

Gegen den ursprünglichen Begriff und das damit Gemeinte ist nichts einzuwenden. Bei den nachfolgend angeführten Diäten jedoch handelt es sich um Reduktionsdiäten, von denen die meisten eher ungesund und daher nicht zu empfehlen sind. Außerdem wird viel versprochen, aber oft nicht viel gehalten und ganz besonders nicht das Gewicht, das durch eine solche Diät kurzzeitig erreicht wurde.

Wer gesund abnehmen möchte, muss sich Folgendes klar machen:

- Gesund abnehmen hat nichts mit Schnelligkeit zu tun, zehn Kilogramm in zwei Wochen abzunehmen ist weder gut noch gesund!
- Das Essen auf ein Minimum zu reduzieren ist keine Alternative!

Ob in Zeitschriften, in der Fernseh- oder Internetwerbung – überall finden wir die Fotos von plötzlich quasi über Nacht schlank gewordenen Menschen, die ebenso über Nacht nun glücklich und schön sind. Die, die uns diese plötzlich schlanken und glücklichen Menschen präsentieren, wollen uns weismachen, sie hätten mit irgendeiner dieser zahllosen Diäten oder mit einer Wunder-Abnehm-Pille fünf Kilogramm in zehn Tagen abgenommen. Alles Quatsch! Glauben Sie diesen Unsinn nicht! Hier geht es nicht um Ihre Gesundheit, sondern ausschließlich um Ihren Geldbeutel.

Gehen Sie einmal logisch an die Sache heran: fünf Kilogramm in zehn Tagen! Das sind jeden Tag zwei Kilogramm! Das ist entweder zu schaffen, wenn die Nahrungsaufnahme auf null gesetzt wird, oder wenn Sie Abführmittel nehmen. Zugegeben, in der ersten Zeit geht das Abnehmen tatsächlich relativ schnell, egal mit welcher Diät oder Umstellung. Grund dafür ist der Wasserverlust. Es ist nicht das Fett, das schmilzt, sondern das Wasser geht verloren und das ist nicht gesund. Es gibt eine Unmenge an Diäten. Manche klingen allein schon vom Namen her so haarsträubend, dass man fragen möchte, für wie dumm man uns eigentlich hält. Die AOK sagt: Blitzdiäten helfen nicht. Die verlorenen Kilos kehren durch den Jo-Jo-Effekt wieder zurück. Darauf komme ich später noch zurück.

Die Deutsche Gesellschaft für Ernährung (DGE) weiß, wie es richtig geht: Erfolgreich und dauerhaft abnehmen kann nur, wer seine Ernährung umstellt, sein Verhalten ändert und körperlich aktiv wird.

Schauen wir uns ein paar dieser „Super"-Diäten einmal genauer an, ich habe sie entdeckt in einer der sogenannten Frauenzeitschriften.

Beispiel 1:

Kartoffel-Quark-Diät – „In einer Woche 8 Pfund leichter" lautet der Slogan.

Dabei wird absichtlich der Begriff Pfund verwendet, obwohl der heutzutage nicht mehr üblich ist. Das hat den einfachen Grund, dass acht Pfund mehr aussehen als vier Kilo.

Bei dieser Diät wird das Mittag- oder Abendessen durch die Kartoffel-Quark-Mahlzeit ersetzt. Zum Frühstück gibt es entweder eine Handvoll Obst mit Müsli oder eine Scheibe Vollkornbrot mit fettarmem Belag. Erklärt wird, dass sowohl Kartoffeln als auch Quark wenige Kalorien haben, was natürlich nicht falsch ist. Es stehen nicht mehr als 900 Gramm pro Tag auf dem Plan, was bei erwachsenen Frauen in etwa die Hälfte des Bedarfs ausmacht. Auf diese Weise soll erreicht werden, dass die Fettreserven angegriffen werden.

Negativpunkte:

- Die Fettreserven werden innerhalb dieser kurzen Zeitspanne, wie schon betont, nicht angegriffen, sondern der Wasserhaushalt.

- 900 Kilokalorien (kcal) pro Tag sind zu wenig, nach zehn Tagen essen Sie wieder wie vorher und der Jo-Jo-Effekt tritt ein.

- Verschwiegen wird, dass die Stärke der Kartoffeln in Zucker umgewandelt wird, ein Zuviel dieses Nahrungsmittels bewirkt also eher eine Zunahme als eine Abnahme des Gewichts.

- Bedenklich ist auch die Aussage, eine kalziumreiche Ernährung sei gesund. Erwachsene benötigen laut DGE täglich cirka 1.000 mg Kalzium und mehr ist eben nicht gesund.

Beispiel 2:

„Bauch weg in 7 Tagen!"

Geworben wird mit dem alten Sprichwort: „Morgens essen wie ein Kaiser, mittags wie ein König und abends wie ein Bettelmann" und der Tatsache, dass dieses in einer Studie bewiesen worden ist.

Bei dieser Diät soll die tägliche Essensmenge auf lediglich zwei große Mahlzeiten mit jeweils 600 kcal gelegt werden, und so könne das Gewicht doppelt so schnell reduziert werden. Begründet wird dieser Erfolg mit dem Thermo-Effekt: da der Organismus für die große Menge an Essen mehr Energie verbraucht als nach einer kleineren Mahlzeit.

Immer wieder kommt die Ärztin, die die Studie begleitete, zu Wort. Damit soll Vertrauen geschaffen werden, denn was eine Ärztin sagt, muss ja schließlich stimmen. Ihr zufolge soll die zweite Mahlzeit bis spätestens 16 Uhr eingenommen werden. Es gibt also kein Abendessen mehr.

Auf diese Weise sollen sechs Kilo in zehn Tagen geschafft werden. Vom „Bauch weg" wird in den Ausführungen übrigens nicht mehr gesprochen.

Negativpunkte:

- Allein der Slogan „Bauch weg" ist schon unsinnig, da die meisten nicht da abnehmen, wo sie gern wollen.

- Wie soll man sechs Kilo in zehn Tagen abnehmen? Zwar ist die Zahl der Kalorien niedriger, aber unklar ist, was mit Fett und Zucker ist, denn:

- Es wird nicht ganz klar, welche Lebensmittel erlaubt sind und welche nicht.

- 1200 kcal pro Tag liegen unter dem durchschnittlichen täglichen Bedarf, der Jo-Jo-Effekt ist vorprogrammiert.

- Der Magen wird mit zwei großen Mahlzeiten überbeansprucht, das tut ihm erstens nicht gut und wenn zweitens die Mahlzeiten nach der Diät wieder normal groß – also kleiner – sind, setzt das Sättigungsgefühl nicht ein, da sich der Magen an die größere Menge gewöhnt hat. Wir essen also mehr.

Beispiel 3:

Die „Gurken-Blitz-Diät"

Angeblich sind Gurken das perfekte Lebensmittel zum Abnehmen. Weshalb, wird nicht erläutert. Mit der Blitz-Diät sollen innerhalb von drei Tagen drei Kilo abgenommen werden. Versprochen wird: „Wenn Sie sich an den 3-Tage-Plan [...] halten, bekommen Sie zu jeder Mahlzeit eine Gurke. Der Biostoff-Mix bei jedem Essen baut Fettzellen und Wasserpfunde optimal ab, Sie schaffen ein Kilo pro Tag." (Bild der Frau, Heft 35, 2014) Das ist die einzige Erklärung. Was ist damit gemeint? Wer sich an den Plan hält, bekommt zu jeder Mahlzeit eine Gurke geschenkt? Was ist der Biostoff-Mix?

Bei dem Rezept für den ersten Tag findet sich dann immerhin Folgendes: In Frühstück, Mittag- und Abendessen werden insgesamt cirka 500 Gramm Gurke eingebaut. Die Menge der Kalorien beträgt pro Tag insgesamt etwas mehr als 800.

Negativpunkte:

- Viel mehr ist nicht zu erfahren.
- Vermutlich nimmt man eher durch die reduzierte Kalorienmenge ab als durch irgendwelche Gurkenbeilagen.
- Die Gesamtzufuhr an Kalorien ist wiederum zu gering, siehe Jo-Jo-Effekt.

Bei den Erläuterungen zu den jeweiligen Diäten, sofern es diese gibt, wird so manches beschönigt, anderes aus dem Zusammenhang genommen und vieles verschwiegen. Der Begriff des Jo-Jo-Effektes findet sich natürlich nirgends.

Fassen wir zusammen:

Was spricht gegen diese Art Reduktionsdiäten?

- Eine Reduktionsdiät ist meist zeitlich begrenzt, also ist sie meist auch ziemlich radikal.
- Die Kalorienmenge wird so stark verringert, dass der Jo-Jo-Effekt vorprogrammiert ist.
- Die üblichen Reduktionsdiäten sind in den seltensten Fällen gesund. Oft beinhalten sie eine einseitige Ernährung, sodass es zu Mangelerscheinungen, aber auch zu einem Zuviel von bestimmten Stoffen kommen kann.

- Nach diesen Diäten wird das alte Essverhalten wieder aufgenommen.
- Fettzellen verschwinden bei diesen Diäten nicht.
- Wer übergewichtig oder sogar adipös ist, hat außerdem mehr Fettzellen als der Normalgewichtige. Bei einer Reduktionsdiät leeren sich diese Fettzellen zwar, verschwinden jedoch in der Kürze der Zeit nicht, sodass sie sich danach bequem wieder füllen können.

Fazit: Reduktionsdiäten sind nicht zu empfehlen. Anders sieht es bei Diäten aus, die von ärztlicher Seite verordnet werden, um damit bestimmte Krankheiten behandeln zu können.

Wenn Sie gesund abnehmen und gesund, leistungsstark und fitter werden wollen, ist das nur mit einer dauerhaften Umstellung der Ernährung, mit Bewegung sowie einer Verhaltens- und Einstellungsänderung zu schaffen. Wie das geht, erfahren Sie in meiner Schritt für Schritt Anleitung zum gesunden Abnehmen in diesem Buch.

Schlankheitspillen aus dem Internet?

Wir haben festgestellt, dass wir mit Diäten nicht gesund abnehmen und unser Gewicht nicht dauerhaft regulieren können. Wie sieht es mit Schlankheitspillen aus? Ein kleiner Appetitzügler am Morgen kann doch wohl nicht schaden, oder? Was soll schon passieren? Leider passiert häufig einiges und dabei nichts Gutes. Und gesund sind die Pillen auch nicht. Bequem schon, immerhin bedarf es keiner Disziplin. Die Tablette wird eingeworfen und ansonsten geht alles seinen gewohnten Gang, es kann so weitergegessen werden wie bisher. Bis die gesundheitlichen Probleme kommen ...

Schlankheitspillen, die man im Internet bestellen kann, enthalten nicht selten illegale und gefährliche Wirkstoffe. Wirkstoffe, die in Deutschland nicht zugelassen sind, wie Sibutramin. Vor ein paar Jahren wurde von behördlicher Seite vor dem aus China kommenden „Super Slim" gewarnt, in welchem diese Substanz sowie der krebserregende Wirkstoff Phenolphthalein enthalten war. Sibutramin ist nicht ohne Grund verboten, es wirkt blutdrucksteigernd und kann sich negativ auf das Herz auswirken. Bei der gleichzeitigen Einnahme von Psychopharmaka können Wechselwirkungen auftreten, die sogar schon Todesopfer gefordert haben (Berlin Special Gesundheit).

Ein gerade wieder untersuchtes Schlankheitsmittel heißt Lida. In diesen – wiederum in China hergestellten – Schlankheitspillen ist ebenfalls der beschriebene hierzulande nicht zugelassene Wirkstoff Sibutramin enthalten, der eigentlich als Antidepressivum zum Einsatz kam. Dieses macht abhängig. Deshalb empfiehlt der Anbieter, gleich ein zweites Medikament dazuzukaufen, damit man von den abhängig machenden Inhaltsstoffen „wieder herunterkommt", wie Mitte September in der ARD-Sendung „Gesundheits-Check – Endlich schlank! Das Geschäft mit dem Übergewicht" berichtet wurde. Bei der vom ARD-Team in Auftrag gegebenen Analyse verschiedener Schlankheitsmittel wurden außerdem Abführmittel gefunden.

Lida-Kapseln sind in Deutschland verboten, aber dank des World Wide Webs bekommt ein jeder alles, was das Herz begehrt. Weitere Nebenwirkungen der Pillen sind Herzrasen, Unwohlsein, Kopfschmerzen, Verdauungsbeschwerden, Angstzustände, Schlafstörungen und Übelkeit.

Ungeachtet dieser krankmachenden und z. T. gefährlichen Nebenwirkungen kann man mit den Kapseln tatsächlich abnehmen, nicht aber, weil sie so gut sind, sondern eher, weil sie so schlecht sind. Wer sich nicht wohlfühlt, wem ständig übel ist, der isst ohnehin weniger. Nach dem Absetzen der Pillen kommt es außerdem – ja, Sie haben es schon erraten: zum Jo-Jo-Effekt.

Das Prinzip all dieser Schlankheitsmittel ist es, den Hunger bzw. den Appetit zu zügeln und den Stoffwechsel künstlich anzuregen. Lang anhaltend ist die Wirkung nicht, da sich der Körper nach einigen Wochen an die Wirkstoffe gewöhnt hat. Was dann bleibt, sind lediglich die negativen Auswirkungen.

Laut Europäischem Jugendportal sind mehr als 60 Prozent der im Internet angebotenen Schlankheitsmittel gepanscht. Diese Aussage stützt sich auf eine Studie der Verbraucherzentrale Nordrhein-Westfalen aus dem Jahre 2011.

Fazit: Lassen Sie die Finger von Schlankheitspillen im Internet! Ich rate Ihnen generell von solcher Art Mitteln ab. Das ist kein gesundes Abnehmen! In keiner Weise. Im Gegenteil: Sie können erst richtig krank werden!

Weshalb Schnellschüsse nicht gelingen

Natürlich nehmen Sie mit einer Diät erst einmal ab, meistens jedenfalls. Und anfangs sogar recht schnell. Die Frage ist nur, ob das gesund ist. Und das kann klar mit „Nein" beantwortet werden. Denn: Dem Organismus wird signalisiert, dass er jetzt auf Sparflamme leben muss, er gewöhnt sich daran. Reduktionsdiäten sind mehrheitlich jedoch zeitlich begrenzt. Nach der Diät verfallen die meisten Menschen wieder in die alten Gewohnheiten, sprich: Sie essen genau so weiter wie vorher. Neben der berechtigten Frage, was das Ganze dann eigentlich sollte, stellt Ihr Körper, könnte er direkt mit Ihnen kommunizieren, eine zweite Frage: Du fütterst mich jetzt wieder wie früher, soll ich das ernst nehmen?

Ihr Organismus nimmt es nicht ernst. Er kann und will sich so schnell nicht wieder umstellen. Das bedeutet, er ist weiterhin auf Schmalkost programmiert, während Sie bereits wieder kräftig zulangen. Vielleicht sogar noch mehr essen, denn auf die „geliebten" Lebensmittel mussten Sie ja einige Zeit verzichten. Tja, und da ist er nun, der berühmt berüchtigte Jo-Jo-Effekt. Den übrigens manche Leute bestreiten. Aber mal ehrlich: Ist das schnelle Zunehmen jetzt nicht logisch?!

Also: Sie nehmen wieder zu und bringen am Ende meist sogar mehr auf die Waage als vorher. Und – was haben Sie nun gekonnt? Genau: Nichts!

Zumal bei extremen Diäten die Möglichkeit besteht, Magen und Darm zu schaden und im Prinzip dem gesamten Organismus, denn dem wurden vielleicht auch wichtige Mineralstoffe und Vitamine vorenthalten. Und schließlich ist es eine Tatsache: Unser Organismus braucht sowohl eine regelmäßige als auch eine vollständige Nahrungszufuhr, um seine Aufgaben ordentlich erfüllen zu können. Heute so und morgen so – das bekommt ihm nicht.

Was macht dick und krank?

Zu viele falsche und versteckte Fette

Wir essen zu fett und wir essen zu viel Fett.

Wie viel Fett braucht der Mensch? Die Frage kann leicht so beantwortet werden: nicht so viel wie er heutzutage zu sich nimmt.

Die Deutsche Gesellschaft für Ernährung hat auf diese Frage eine klare Antwort: „Insgesamt 60 bis 80 Gramm Fett pro Tag reichen aus". Empfohlen wird die Verwendung von pflanzlichen Fetten.

Die Lösung lautet nicht: kein Fett, wie es in manchen Diäten so erfolgversprechend propagiert wird. Natürlich nehmen Sie ab, wenn sie kein Fett essen, aber gesund ist das nicht. Und Sie wollen ja gesund abnehmen, sonst hätten Sie dieses Buch nicht gekauft. Fette sind Grundbausteine unserer Zellen, sie sind lebensnotwendig. Sie werden für die Bildung neuer Zellen sowie für den Stoffwechsel benötigt und sind eine wichtige Voraussetzung für die Bildung von Hormonen.

Fette sind zudem wichtige Bestandteile unserer Nahrung. Unser Organismus benötigt sie, um reibungslos funktionieren zu können. Sie enthalten lebensnotwendige Fettsäuren sowie fettlösliche Vitamine. Nur durch die Aufnahme von Fetten können bestimmte

Lebensmittel in unserem Organismus überhaupt erst aufgenommen werden. Ein Beispiel: das Carotin in der Möhre. Sie können zehn, zwanzig Möhren am Tag essen. Ohne Fett kann das Carotin nicht aufgespalten werden, das vermeintlich gesunde Essen nützt also nichts. Gleiches gilt für die fettlöslichen Vitamine A, D, E und K.

Hinsichtlich des Gesamtenergiebedarfs soll die tägliche Menge an Fett beim gesunden, nicht übergewichtigen Menschen maximal 30 Prozent betragen, nicht mehr, eher weniger.

Ist Fett gleich Fett? Nein. Unterschieden werden Fette mit gesättigten, einfach und mehrfach ungesättigten Fettsäuren. Dabei soll die tägliche Fettzufuhr mindestens zu einem Drittel aus Nahrungsmitteln mit ungesättigten Fettsäuren bestehen.

Das bestmögliche Verhältnis in der Aufnahme von gesättigten, einfach und mehrfach ungesättigten Fettsäuren liegt bei 1:1:1.

Optimales Verhältnis der Fettsäuren

- Gesättigte F
- Einfach ungesättigte F.
- Mehrfach ungesättigte F.

Grafik: Optimales Verhältnis der mit der Nahrung aufzunehmenden Fettsäuren. (Grafik fitness-plan.org)

Wichtig ist es, auf unsichtbares Fett zu achten, das sich im Prinzip überall versteckt, vor allem in Fast-Food, Fertigprodukten, Süßwaren, aber auch in Fleischerzeugnissen und Milchprodukten.

Alltags-Tipp: Gewöhnen Sie sich an, die Listen der Inhaltsstoffe zu lesen (Ich komme noch darauf zurück.). Kaufen Sie keine Lebensmittel mit übermäßig viel Fett, also Produkte, auf denen z. B. der Begriff „Doppelrahmstufe" steht, die legen Sie bitte zurück ins Regal!

Vor allem die tierischen Fette sind es, die reduziert werden sollten, da sie vor allem gesättigte Fettsäuren enthalten. Wer abnehmen will, muss sich die Butter nicht extra dick aufs Brot schmieren und die fette Leberwurst muss genauso wenig auf dem Speiseplan stehen wie das große, fettige Eisbein.

Günstig für denjenigen, der abnehmen will, ist es, unter dem Grenzwert von 80 Gramm pro Tag zu bleiben. Und eben auf die Art der Fette zu achten. Gegen „gute" Fette in Maßen ist nichts einzuwenden, im Gegenteil, die braucht unser Organismus, vor allem Fette mit einfach und mehrfach ungesättigten Fettsäuren, die in Öl und Fisch zu finden sind. Schauen Sie, dass Sie wegkommen von zu viel tierischen Fetten! Butter ist zwar gesünder als Margarine, das heißt jedoch nicht, dass Sie täglich 100 Gramm davon verzehren sollen.

Alltags-Tipp: Streichen Sie statt Butter Frischkäse auf Ihre Stulle. Und essen Sie statt Wurst (die nicht nur fett ist, sondern viele Konservierungsstoffe enthält) ab und an Lebensmittel mit gesunden Fetten wie Avocado und fetten Fisch (siehe Tabelle).

Stichwort: Warum ist Butter gesünder als Margarine? Letztere wird industriell aus gehärteten oder teilgehärteten Fetten hergestellt und enthält Transfettsäuren. Diese fördern Diabetes, stören den Stoffwechsel und stehen im Verdacht, krebserregend zu sein. Margarine ist ein Kunstprodukt. Wer sich gesund ernähren will, sollte nicht zu unnatürlicher Nahrung greifen. Auf diesen Punkt gehe ich später noch genauer ein.

Wer ständig zu viel Fett isst, belastet seinen Organismus schon in dieser Phase, denn Fettabbau ist Schwerstarbeit. Außerdem entstehen dabei schädliche Stoffwechselprodukte.

In der folgenden Tabelle sind die drei Fettsäuren mit ihren positiven und negativen Eigenschaften zusammengefasst.

	Positive Eigenschaften	Negative Eigenschaften	Lebensmittel
Gesättigte Fettsäuren	Verbesserung des Verhältnisses zwischen HDL- und LDL-Cholesterin	Anstieg von LDL Cholesterin und Blutfettwerten,	Butter, Kokosfett, Palmöl, Fleisch, Wurst, Käse
Einfach ungesättigte Fettsäuren	Anstieg von HDL-Cholesterin, → Reduzierung von LDL-Cholesterin, wichtig für die Regulierung des Fettstoffwechsels		Avocado, Olivenöl Rapsöl, Erdnussöl, Makrelen
Mehrfach ungesättigte Fettsäuren	Reduzierung von LDL-Cholesterin, → für den Zellaufbau, Regulierung des Fettstoffwechsels, entzündungshemmend		Kürbiskernöl, Sonnenblumenöl, Walnussöl, Nüsse, Leinöl, fetter Fisch

Stichworte: HDL- und LDL-Cholesterin. Das sind Fett-Eiweiß-verbindungen, die das Cholesterin im Organismus zur Leber und von dieser wegtransportieren. Das HDL-Cholesterin (High-Density-Lipoprotein) wird auch als das „gute" Cholesterin bezeichnet, weil es das an den Gefäßwänden abgelagerte LDL-Cholesterin aufnimmt und zur Leber transportiert. Das LDL-Cholesterin (Low-Density-Lipoprotein), als „schlechtes" Cholesterin bezeichnet, trägt dagegen zur Gefäßverkalkung bei und kann so Ursache für Arteriosklerose sowie Herz-Kreislauferkrankungen werden. Lange Zeit galt die Überzeugung, dass man vor allem die Höhe des LDL-Cholesterins über die Nahrung steuern kann. Heute weiß man, dass ein bedeutender Faktor die Vererbung ist. Dennoch: Wer ohnehin schon genetisch vorbelastet ist, sollte nicht noch das LDL-Cholesterin erhöhende Nahrung zu sich nehmen.

Alltags-Tipp: In der Apotheke können Sie Ihren Cholesterinspiegel für etwa 4 Euro testen lassen.

Zu viel raffinierter und versteckter Zucker

Wir essen zu süß und wir essen zu viel Zucker.

Wie viel Zucker braucht der Mensch? Bei der Antwort auf diese Frage werden Sie jetzt erschrecken: Keinen! Hier kommt natürlich eine Einschränkung: keinen zusätzlichen. Das bedeutet: Wer sich gesund und ausgewogen ernährt, bekommt genügend Zucker, ein Extra ist nicht notwendig. Und hier entsteht auch die Gefahr: So wird jedes Extra sofort ein Zuviel!

Etwa 55 bis 60 Prozent des täglichen Gesamtenergiebedarfs sollen durch Kohlenhydrate abgedeckt werden. Und was sind Kohlenhydrate? Nichts anderes als Zucker. Es werden Einfach-, Doppel- und Vielfachzucker unterschieden. Kohlenhydrate sind lebenswichtige Bestandteile unserer Nahrung. Sie werden für den Stoffwechsel benötigt, sie versorgen Gehirn- und Nervenzellen mit Energie, sie werden für den Aufbau von Knochen gebraucht. Unter diesem Gesichtspunkt scheint es unverantwortlich, die Kohlenhydratzufuhr auf ein Minimum zu reduzieren, wie dies in manchen Reduktionsdiäten gefordert wird. Das ist gesundheitsschädigend!

Ebenso gesundheitsschädigend ist die Zufuhr von zu vielen Kohlenhydraten und genauer von zu viel Extra-Zucker. Die Folgen davon sind eine verringerte Zufuhr von Eiweiß und Fett sowie ein möglicher Vitamin B1-Mangel, da der Organismus von diesem Vitamin mehr für die Verarbeitung des Zuckers benötigt.

Zu viel Zucker führt zu einem raschen Anstieg von Glukose im Blut. Wenn sich zu viel Blutzucker anreichert, wird dieser zu Fett verstoffwechselt. Dazu kommt, dass regelmäßiger Zuckerkonsum den Fettstoffwechsel verändert, es werden mehr Fettmoleküle produziert.

Um 1825 lag der Zuckerverbrauch pro Jahr bei zwei Kilogramm, heute liegt der Tagesverbrauch bei zirka 125 Gramm. Manche Menschen schaffen 100 Kilogramm im Jahr.

Zucker, den wir zusätzlich zu uns nehmen, sei es versteckt oder durch Süßigkeiten, Kuchen, Eis etc., gibt uns keine Energie. Im Gegenteil, er raubt sie uns, er macht uns träge, denn unser Organismus muss viel arbeiten, um ihn zu verstoffwechseln. Wir nehmen mit den entsprechenden Produkten eine Menge leerer Kalorien zu uns. Der im Handel übliche raffinierte (isolierte) Zucker lässt den Blutzuckerspiegel – wie schon erwähnt – sprunghaft ansteigen, die Bauchspeicheldrüse pumpt das Hormon Insulin ins Blut, um den Blutzuckerspiegel wieder zu senken. Es wird jedoch durch die entstandene vermeintliche Notsituation zu viel Insulin abgesondert, sodass der Blutzuckerspiegel daraufhin zu schnell sinkt.

Die Folge davon: Heißhungerattacken und Leistungsabfall. Da der Organismus bemüht ist, den Blutzuckerspiegel wieder auf einen normalen Pegel zu bekommen, schüttet die Bauchspeicheldrüse das Hormon Glukagon aus. So entsteht ein Teufelskreis.

Dazu kommt, dass das Insulin im Blut den Fettabbau stört. Wer regelmäßig zu viel Zucker aufnimmt, strapaziert seine Bauchspeicheldrüse über. Die macht irgendwann schlapp – Diagnose: Diabetes mellitus.

Unser Organismus ist so geschaffen, dass er sich den benötigten Zucker aus der (gesunden) Nahrung nimmt. Die Arbeit, die er dabei leisten muss, bewirkt einen allmählichen Abbau des Zuckers, der auf diese Weise langsam ins Blut aufgenommen werden kann. So werden die Blutzuckerwerte nicht in die Höhe schießen, sondern langsam steigen, so langsam, dass unsere Bauchspeicheldrüse nicht über Gebühr beansprucht wird.

Alltags-Tipp: Versteckter Zucker findet sich in Fertigprodukten, Ketchup, Müsli, Fruchtjoghurt, bestimmten Wurstsorten, Senf, Obstsäften, Fertig-Salaten. Auch hier gilt: Schauen Sie immer auf die Liste der Inhaltsstoffe! Zucker versteckt sich auch unter folgenden Begriffen: Maltose, Dextrose, Glucose, Fructose, Maisstärke, Saccharose.

Noch ein paar Worte zu den Kalorien

Viele Menschen essen nicht nur zu fett und zu zuckerhaltig, sie nehmen generell zu viele Kalorien auf. Wer abnehmen möchte, sollte auf die Kalorien, die er zu sich nimmt, achten und weniger Kalorien aufnehmen als er verbraucht, nicht aber **zu** viel weniger wie z. B. bei Reduktionsdiäten. Ich würde vorschlagen, nicht mehr als 200 kcal weniger aufzunehmen, als es der Bedarf erfordert.

Relativ leicht kann sich jeder seinen eigenen Bedarf errechnen. Dieser Bedarf, d. h. die Kalorien, die der Organismus benötigt, um funktionieren zu können, setzt sich zusammen aus Grundumsatz bzw. Ruheenergieverbrauch und Leistungszuwachs. Davon haben Sie sicher schon gehört. Ich gehe auf dieses Thema in Schritt 4 der Schritt für Schritt Anleitung zum gesunden Abnehmen genauer ein. Dort erfahren Sie, wie Sie sich ihren Bedarf selbst errechnen können.

Alles, was Sie über diesen Bedarf hinaus zu sich nehmen, wird im Organismus (z. B. in Leber und Muskulatur) für schlechte Zeiten gespeichert. Dieser Speicher fasst jedoch nur cirka 400 Gramm, und außerdem kommen die schlechten Zeiten nicht, so wie es sie vor Tausenden von Jahren einmal gab. Der Speicher ist also ständig überfüllt und was nicht hineinpasst, findet sich als Fett an unserem Körper wieder.

Das Zuviel an Kalorien, Fett und Zucker führt schließlich zu Übergewicht, Adipositas und Krankheit. Und die Zahl der Betroffenen ist sehr hoch, wie Sie den folgenden Studien entnehmen können:

Studie zur Gesundheit Erwachsener in Deutschland

Laut der „Studie zur Gesundheit Erwachsener in Deutschland" des Robert-Koch-Instituts (Stand 2012) lag der Anteil der übergewichtigen Menschen in Deutschland (Erhebungszeitraum 2008 bis 2012) bei 67,1 Prozent (Männer) und 53 Prozent (Frauen). Die Zahl der Adipösen lag bei 18,9 Prozent (Männer) und 23,3 Prozent (Frauen). Ein alarmierendes Ergebnis dieser Studie war, dass insbesondere die Zahl der adipösen Kinder und Jugendlichen zum Vergleichszeitraum (bis 1998) rasant angestiegen war.

Das belegte auch die KIGGS-Studie aus dem Jahre 2007. Traurige Bilanz der Untersuchung: 15 Prozent der 3- bis 17-Jährigen waren zu diesem Zeitpunkt übergewichtig (1,9 Millionen Kinder und Jugendliche), davon 6,3 Prozent adipös (800.000). Quelle: Robert-Koch-Institut

Laut Barmer ließen sich 2014 etwa sieben Millionen Deutsche wegen Adipositas behandeln, das waren 14 Prozent mehr als im Jahr

2006. Da viele offenbar als letzten Ausweg eine Operation sehen, hat sich die Anzahl dieser Operationen im angegebenen Zeitraum bei der Barmer versechsfacht, wie dem Report Krankenhaus 2016 der Barmer GEK zu entnehmen ist.

Studie der Universität Cambridge zu Übergewicht

Eine aktuelle Studie der Universität Cambridge untersuchte den Zusammenhang zwischen Übergewicht und der Lebenserwartung. Dabei wurden die Daten von 3,9 Millionen Menschen aus vier Kontinenten geprüft. Im Ergebnis stellten die Forscher fest, dass Menschen mit Übergewicht ein Jahr verloren ging, Menschen mit mittlerer Adipositas drei Jahre und Menschen mit starker Adipositas zehn Jahre.

Quelle: www.t-online.de/lifestyle/gesundheit/id_78403878/studie-belegt-uebergewicht-senkt-lebenserwartung-.html

Was passiert, wenn ich nicht abnehme?

Abnehmen erfordert Disziplin. Manche Menschen haben diese Disziplin nicht oder wollen sie nicht haben. Natürlich, es ist anstrengend. Und es ist sicher auch manchmal schwer, das leckere Stück Kuchen zu verschmähen, auf das Eis zu verzichten, zum Mittag heute keine Currywurst mit Ketchup und Majo zu essen. Doch was ist die Alternative?

Alltags-Tipp: Wenn Sie in Zukunft Heißhunger auf Süßes haben, wählen Sie statt Kuchen, Eis oder Schokolade süßes Obst. Zwar enthält z. B. eine Banane viel Fruchtzucker, aber zudem eben auch Vitamine und Mineralstoffe.

Die Folgen des ungesunden Essens sind nicht sofort spürbar. Wenn ich junge Menschen beobachte, wie sie täglich im Backshop Schinken-Käse-Croissant, Donut und Börek in sich hineinstopfen, dazu eine Cola trinken, vielleicht gibt es abends noch Fertigpizza oder ein, zwei, drei andere von den zahlreichen angebotenen fetten und zuckerhaltigen Snacks, dann möchte ich sie am liebsten fragen, ob sie manchmal auch etwas Gesundes essen. So wie viele von ihnen jetzt schon aussehen, tun sie es nicht. Ich möchte ihnen sagen, dass sie möglicherweise neben den Folgen des Übergewichtes wie z. B. Rücken- und Gelenkschmerzen in wenigen Jahren ständig erhöhte Blutfettwerte, einen erhöhten Cholesterinspiegel, Verfettung der inneren Organe, Stoffwechselstörungen und Bluthochdruck haben werden. Und wiederum einige Jahre später Arteriosklerose, Herz-Kreislauferkrankungen und Diabetes mellitus. Und, wenn es ganz schlimm kommt, Krebs. Es ist inzwischen erwiesen, dass übergewichtige Männer vermehrt an Darm- oder Prostatakrebs und übergewichtige Frauen an Brust-, Gebärmutter- und Eierstockkrebs erkranken.

Wissenschaftler gehen davon aus, das im Jahre 2030 in den USA über 80 Prozent der Bevölkerung übergewichtig sein werden, wenn so weitergegessen wird wie momentan. Was schließlich auch bedeutet, dass es dann kaum noch gesunde Menschen geben wird.

Studie der OECD von 2010

Einer Studie der OECD von 2010 zufolge sind die Zahlen bezüglich Übergewicht und Adipositas in den Mitgliedsstaaten alarmierend. Es wird bereits von einer Epidemie gesprochen. Die Ergebnisse orientieren sich am Body-Mass-Index. Danach ist jeder Zweite übergewichtig, jeder Fünfte adipös.

Quelle: www.oecd.org/berlin/publikationen/obesityandtheeconomicsofprevention-fitnotfat.htm

Die Deutsche Adipositas-Gesellschaft hat festgestellt, dass in Deutschland etwa 16 Millionen Menschen an krankhaftem Übergewicht leiden. Auch das ist eine alarmierende Zahl.

Die Kosten für die Behandlung der Folgekrankheiten wie Diabetes mellitus, Herz-Kreislauferkrankungen, Bluthochdruck etc. belaufen sich nach Schätzung der Gesellschaft auf cirka 13 Milliarden Euro pro Jahr. Dieses Geld könnte sehr viel sinnvoller für die Prävention z. B. vor Krebs eingesetzt werden.

Erkrankten an Diabetes mellitus (Diabetes Typ 2) früher lediglich ältere Menschen, weshalb diese Krankheit auch Alterszucker genannte wurde, so ereilt sie heute schon die jüngsten Mitglieder der Gesellschaft. Menschen mit einem BMI über 30 haben ein 30-fach erhöhtes Risiko, an Diabetes mellitus zu erkranken als Normalgewichtige, schreibt der FOCUS.

Habe ich Ihnen jetzt genug erzählt? Haben Sie es satt, die Treppen zu Ihrer Wohnung hinaufzuschnaufen? Wollen Sie die Schmerzen in Rücken und Gelenken loswerden? Möchten Sie Ihre beginnende Diabetes-Erkrankung rückgängig machen? Dann können wir ja jetzt endlich loslegen mit unserer Schritt für Schritt Anleitung zum gesunden Abnehmen. In elf Schritten werden Sie innerhalb der nächsten fünf Wochen Ihren neuen Weg beschreiten, weg von dem, was Sie krank, und hin zu dem, was Sie gesund macht! Die Anleitung bietet als Orientierung kleine Zeitfenster, diese können Sie als Maßstab sehen. Natürlich können Sie auch schneller vorangehen. Je früher Sie beginnen, etwas zu verändern, desto früher fühlen Sie sich vitaler und leistungsfähiger.

Start der **Schritt für Schritt Anleitung** zum gesunden Abnehmen

Bestandsaufnahme – Der Ist-Zustand

Schritt 1: Wie übergewichtig bin ich?

Woche 1: In der ersten Woche der Schritt für Schritt Anleitung zum gesunden Abnehmen beschäftigen wir uns mit Ihrem Gewicht und Ihrem Kühlschrank.

Wie übergewichtig bin ich? Diese Frage lässt sich nicht so leicht beantworten. Denn unabhängig vom Body-Mass-Index kann sich die eine Person mit ein paar Kilos zu viel wohlfühlen, während sich eine andere, die in den offiziellen Rahmen passt, nicht wohlfühlt. Messen lässt sich ein solch subjektives Empfinden natürlich nicht.

Der Body-Mass-Index wird im Allgemeinen als Maßstab genommen, um Übergewicht und Adipositas in Zahlen zu definieren. Er errechnet sich wie folgt:

$$\frac{K\ddot{o}rpergewicht}{K\ddot{o}rpergr\ddot{o}ße\ (Meter)\ zum\ Quadrat}$$

Ein Beispiel:
Eine 1,64 Meter große Frau wiegt 65 Kilogramm. Die Formel sieht wie folgt aus:

$$\frac{65\ kg}{1,64 * 1,64} = 24,17$$

Die Frau liegt also noch im grünen Bereich, denn laut Weltgesundheitsorganisation (WHO) werden Erwachsene mit einem Body-Mass-Index über 25 als übergewichtig eingestuft, mit einem Wert über 30 als stark übergewichtig.

Tabellarisch kann das wie folgt festgehalten werden:

Kategorie	BMI	Krankheitsrisiko
Untergewicht	< 18,5	Niedrig
Normalgewicht	18,5 bis 24,9	Durchschnittlich
Übergewicht	ab 25	
Prä-Adipositas	25 bis 29,9	Gering erhöht
Adipositas Grad 1	30 bis 34,9	Erhöht
Adipositas Grad 2	35 bis 39,9	Hoch
Adipositas Grad 3	ab 40	Sehr hoch

Quelle: Angaben der Weltgesundheitsorganisation (WHO), 2008.

Oft wird jedoch der Körperumfang gemessen, um zu einem entsprechenden Ergebnis zu gelangen. Dabei wird von Adipositas bei einem Taillenumfang ab 88 Zentimetern bei Frauen und 102 Zentimetern bei Männern ausgegangen.

Zu einer Bestandsaufnahme gehören auch die Ermittlung und, wenn Sie Übergewicht haben, die Senkung des Körperfettanteiles. Entweder kaufen Sie sich eine entsprechende Waage, mit der Sie diesen Anteil messen können, oder Sie lassen das bei Ihrem Hausarzt oder im Fitness-Studio machen.

Die DGE betont, dass das Fettverteilungsmuster mit über gesundheitliche Risiken entscheidet. Vor allem das Bauchfett – die sogenannte viszerale Fettmasse – ist das gefährliche Fett, jenes also, das sich im Inneren und insbesondere zwischen den Darmschlingen befindet. Gemessen wird dieses Fett über den Taillenumfang, auf dem Beckenknochen im Stehen.

Dabei gilt:

	Normal	Erhöhtes Risiko	Stark erhöhtes Risiko
Frauen	bis 80	zwischen 80 und 88	ab 88
Männer	bis 94	zwischen 94 und 102	ab 102

Für den Körperfettanteil ergeben sich folgende Werte: Bei Frauen sollte der Fettanteil an der Gesamtmasse zwischen 20 und 30 Prozent liegen, bei Männern zwischen 12 und 20 Prozent. Detaillierte

Werte zeigt die folgende Tabelle:

	Alter	Normal	Erhöht	Hoch		Normal	Erhöht	Hoch
	20 bis 24	22	25	30		15	19	23
F	25 bis 29	22	25	30	M	17	20	24
R	30 bis 34	23	26	31	Ä	18	22	25
A	35 bis 40	24	28	32	N	19	23	26
U	40 bis 44	26	29	33	N	21	24	27
E	45 bis 49	27	31	34	E	22	25	28
N	50 bis 59	30	33	36	R	23	26	29
	> 60	31	34	37		24	27	30

Quelle: http://www.fitforfun.de/abnehmen/gesund-essen/schlank-durch-pilates-wie-viel-koerperfett-ist-gesund_aid_7650.html

Alltags-Tipp: Nehmen Sie Sich ein Notizbuch! Schreiben Sie sich Datum, Ihr Gewicht, BMI und Körperfettanteil auf und vergleichen Sie in regelmäßigen Abständen Ihre Erfolge. Vielleicht schießen Sie ja sogar ein Foto, um die Fortschritte wirklich zu sehen.

Schritt 2: Wie sieht es in meinem Kühlschrank aus?

Ein voller Kühlschrank ist beruhigend. Das mag sein. Doch nicht immer ist auch sein Inhalt beruhigend. Obwohl heutzutage niemand mehr unaufgeklärt durchs Leben gehen muss, wird offensichtlich immer noch jede Menge ungesunder Lebensmittel gekauft und verzehrt, ansonsten wären diese ja längst aus den Supermarktregalen verbannt und es gäbe mehr normalgewichtige und gesunde Menschen.

Was findet sich im Kühlschrank eines durchschnittlichen deutschen Haushalts?

Butter und Margarine, Fleisch und Wurst, letztere meist abgepackt, da sie preiswerter ist und länger hält. Weißes Toastbrot, Croissants, Marmelade, Schoko-Brotaufstrich, Kaffeesahne, Schoko- und Müsliriegel, Fruchtjoghurt, Fertigprodukte, Ketchup, Mayonnaise und andere fette Soßen, Süßigkeiten, Snacks, Cola, Limonaden, gezuckerte Fruchtsäfte. Dazu kommen Pizza, Fertigprodukte, Eis, Pommes frites im Gefrierschrank, Chips, Kekse und Kuchen im Küchenschrank. Erkennen Sie Ihren eigenen Kühlschrank, Eisschrank, Küchenschrank in dem Beschriebenen wieder?

Und was glauben Sie: Wie viele dieser Lebensmittel können in Ihrem Kühlschrank verbleiben, wenn Sie nicht nur gesund abnehmen, sondern überhaupt gesund leben möchten?

Nicht die Hälfte. Nicht 20 Prozent – nein! Nicht ein einziges der aufgezählten Produkte hat auch nur irgendeinen Mehrwert für Sie!

Jetzt sind Sie schockiert? Bekommen Panik? Ruhig Blut! Auch wenn die Umstellung hart wird, verhungern müssen Sie nicht!

Dass Süßigkeiten, Fertigprodukte, Cola & Co, fette Soßen, Kuchen und Snacks nicht gesund sind, weiß inzwischen wohl jeder. Anders sieht es bei Ketchup, Fruchtjoghurt und Fruchtsäften aus. Viele Menschen glauben immer noch, die seien irgendwie gesund, denn es sind ja Tomaten bzw. Früchte drin. Leider wird dem Verbraucher hier nur etwas Gesundes vorgegaukelt. Was aber auf jeden Fall in diesen Produkten zu Hauf enthalten ist, ist Zucker. Ein Beispiel: In Cola ist viel Zucker enthalten, genauer gesagt: zehn Stück Würfelzucker in einem Glas. Der Gesundheitsbewusste, aber nicht Aufgeklärte wählt als Alternative handelsüblichen Apfelsaft. Klar, da sind Äpfel drin, muss also gesund sein. Irrtum! Auch in diesem Glas Apfelsaft sind zehn Stück Würfelzucker. So verhält es sich mit vielen Produkten: Man vermutet ganz einfach nicht, dass so viel Zucker oder Fett enthalten ist.

Stichwort: Weißmehlprodukte. Fast jeder hat wohl schon einmal vage gehört, dass weißes Mehl nicht gesund ist. Aber warum? Zum einen handelt es sich bei weißem Mehl meist um Weizenmehl, und der Weizen wurde innerhalb der letzten 50/60 Jahre so verändert, dass er unserem Körper nicht mehr gut tut. Ein zweiter Punkt ist, dass das handelsübliche weiße Mehl (Typ 405) so stark raffiniert ist, dass in ihm keine gesunden Inhaltsstoffe mehr vorhanden sind. Erschreckend ist außerdem Folgendes: 250 Gramm raffiniertes Mehl entsprechen zehn bis zwölf Teelöffeln Zucker.

Übrigens sind auch die vermeintlich gesunden Müslis und Cornflakes selten wirklich gesund. Sie sind völlig überzuckert und haben mit gesunder Ernährung nichts zu tun.

Gleiches gilt für Light-Produkte. Die wurden einst als fettarme Alternativen angepriesen und von vielen Menschen im Glauben, sich etwas Gutes zu tun, gekauft. Was aber macht Light-Produkte aus? Sie haben weniger Fett. Klingt gut? Aber: Das Fett muss u. a. aufgrund seiner Eigenschaft als Geschmacksträger ersetzt werden. Und dieser Ersatz hieß Zucker! Als allmählich bekannt wurde, wie schädlich Zucker wirklich ist, musste wiederum ein Ersatz her. Und der hieß: Zuckerersatzstoffe. Doch die sind ebenfalls nicht gesünder als Zucker.

Vermutlich sitzen Sie jetzt vor diesen Zeilen, schütteln den Kopf und fragen sich: „Was kann ich denn überhaupt noch essen?" Keine Sorge, es bleibt schon noch genug übrig. Natürlich steht jetzt eine große Umstellung an, insbesondere, wenn sich die oben angeführten Produkte tatsächlich alle in Ihrem Kühlschrank finden. Ich komme später darauf zurück.

Alltags-Tipp: Kaufen Sie erst gar keine Lebensmittel, die Ihnen nicht gut tun! Was nicht zu Hause in Ihren Regalen oder im Kühlschrank schlummert, kann Sie nicht in Versuchung führen.

Schritt 3: Schlechte Angewohnheiten erkennen

Woche 2: Wir beschäftigen uns mit Ihren Ess-Gewohnheiten und machen einen Test.

Lassen Sie uns über schlechte Angewohnheiten plaudern! Wie läuft das bei Ihnen zu Hause am Abend vor dem Fernseher. Das Klischee ist: TV läuft, Sie sitzen auf der Couch, vor sich eine Flasche Bier, dazu Chips oder Erdnussflips oder Cracker oder Salzstangen oder alles zusammen. Vielleicht darf es auch noch ein Stück Schokolade sein?

Übertriebene Darstellung? Finden Sie? Leider nicht. Das Klischee bestätigt sich in diesem Lande millionenfach. Und eines ist sicher: Wenn Sie abnehmen wollen, dann gewöhnen Sie sich die abendlichen Ess- und Trinkgelage ganz schnell ab! Und zwar sofort. Ihr Organismus benötigt dieses Zeug nicht. Im Gegenteil, es macht ihm schwer zu schaffen. Wenn Sie dann in ihrem Bett liegen und gut schlafen (Schlafen Sie gut?), muss die Verdauung auf Hochtouren arbeiten, obwohl sie in der Nacht normalerweise Sendepause hat. Noch schlimmer ist eigentlich nur: nachts essen. Das ist ein absolutes No-Go, wie es so schön neudeutsch heißt.

Also: Nicht nur die Produkte, die Sie abends vor dem Fernseher – Entschuldigung, wenn ich das so sage – in sich hineinstopfen, sind ungesund, sondern auch die Zeit ist falsch. Zwar ist der Streit darüber, wann am Tag man die letzte Mahlzeit einnehmen sollte, noch nicht beendet, doch allein die Logik verbietet spätes Essen, eben, damit die Verdauung genau wie Sie selbst eine gute Nacht haben kann. Eine weitere schlechte Angewohnheit ist der (ungesunde) Snack zwischendurch. Der ist weder notwendig noch gesund. So kommen schnell viele überflüssige Kalorien zur ohnehin schon überhöhten Tagesdosis hinzu.

Alltags-Tipp: Finger weg von herumliegendem Essen! Auf Arbeit liegt eine geöffnete Tafel Schokolade auf dem Tisch? Jedes Mal, wenn Sie am Tisch vorbeigehen, nehmen Sie sich ein Stück? Sie ahnen es schon? Richtig: Abgewöhnen!

Eine weitere schlechte Angewohnheit hat etwas mit Bewegung zu tun. Der moderne Mensch ist von Natur aus faul, und so wählt er meist den Weg des geringsten Kraftaufwandes. Wir nehmen also den Lift statt die Treppe, fahren die eine Station mit dem Bus statt zu laufen.

Alltags-Tipp: Nehmen Sie die Treppe statt den Lift! Fahren Sie die eine Station nicht mit dem Auto/Bus, sondern laufen Sie!

Ausdauer- und Konditionstest, der erste

Wie fit sind Sie? Wann waren Sie zum letzten Mal joggen, walken, Radfahren oder schwimmen? Wir werden jetzt Ihre Kondition testen. Natürlich können Sie auch andere Ausdauertests durchführen, es ist nur darauf zu achten, dass die Tests unter gleichen Bedingungen erfolgen und messbar bleiben, z. B. ein Lauf über eine bestimmte Strecke oder das Radfahren unter gleichen Bedingungen (Watt, Strecke, Zeit).

Wir empfehlen einen kurzen, intensiven und einfachen Step-Test für den Anfang.

Sie benötigen:

- Eine Kiste oder eine Fußbank oder eine Treppenstufe,
- eigentlich eine Pulsmessuhr, die Sie jetzt wahrscheinlich noch nicht haben, zu deren Kauf ich aber rate; weshalb, erkläre ich im Kapitel Bewegung. Für den Anfang können Sie Ihren Puls am Handgelenk oder an der Halsschlagader messen.

Und so funktioniert es: Einen Fuß auf die Kiste, den anderen hinterher und dann wieder zurück. Diese einfache Folge wiederholen Sie drei Minuten lang, nicht zu schnell, aber auch nicht zu langsam. Versuchen Sie, sich so gleichmäßig wie möglich zu bewegen.

Danach wird der Puls gemessen. Notieren Sie sich diesen mit Datum! Wir brauchen die Daten später für den Vergleich.

In der folgenden Tabelle finden Sie die Ergebnisbereiche, sodass Sie Ihre Leistung einordnen können.

	Frauen	Männer
Sehr gut	< 92	< 93
Gut	94 bis 116	96 bis 109
Genügend	118 bis 122	113 bis 120
Schwach	124 bis 136	121 bis 130
Sehr schwach	>138	> 135

Quelle: http://www.trainingsworld.com/training/leistungsdiagnostik-testen-ausdauer-2684335.html

Wenn Sie genauer wissen wollen, wie fit Sie sind, können Sie sich im Fitness-Studio oder beim Arzt testen lassen, beispielsweise mit einem Ausdauer- und Konditionstest auf dem Fahrrad. Dabei werden Puls und Herzfrequenz automatisch gemessen, Sie müssen also nichts anderes tun als fleißig strampeln.

Start der
Ernährungsumstellung

Schritt 4: Den Energiebedarf errechnen

Woche 3: In dieser Woche lernen Sie „rechnen" und gesund einkaufen. Sie stellen Ihr Einkaufverhalten um.

Im Punkt Zucker/Kalorien hatte ich das Thema bereits angedeutet. Der Gesamtenergiebedarf eines Menschen wird in Kilokalorie (kcal) oder Kilojoule (kJ) angegeben (1 kcal = 4,2 KJ). Er untergliedert sich in die beiden Bestandteile Grundumsatz und Leistungszuwachs.

Grundumsatz: Das ist die Menge an Energie, die ein Mensch

- bei völliger Ruhe,
- im Liegen,
- zwölf Stunden nach der letzten Mahlzeit und
- bei einer Raumtemperatur von 20 Grad

benötigt. Weitere Punkte, die beim Grundumsatz zu berücksichtigen sind:

- das Geschlecht (Männer haben einen höheren Grundumsatz),
- die Körperoberfläche (je größer diese ist, umso mehr Energie wird benötigt).

Der Grundumsatz erhöht sich während der Schwangerschaft, bei regelmäßigem Sport, bei einer Schilddrüsenüberfunktion und bei Stress. Das macht zehn bis fünfzehn Prozent aus. Der Grundumsatz wird niedriger im Alter, bei Hitze sowie bei bestimmten Erkrankungen, u. a. bei Depressionen. Das macht cirka zehn bis zwanzig Prozent aus.

Da die vier Grundbedingungen zur Berechnung des Grundumsatzes jedoch als Laborbedingungen gelten, empfiehlt die DGE, den sogenannten Ruhe-Energieverbrauch zu berechnen, da die Bedingungen nicht ganz so starr sind. Im Ergebnis liegt der Ruheenergieverbrauch um etwa zehn Prozent höher als der Grundumsatz.

Die Formel für Frauen lautet:

(0,047 × Gewicht in kg - 0,01452 × Alter in Jahren + 3,21) × 239

Sind Sie eine Frau, wiegen 60 kg und sind 40 Jahre alt, dann ergibt sich folgende Rechnung:

(0,047 × 60 - 0,01452 × 40 + 3,21) × 239 = (2,82 − 0,5808 + 3,21) × 239 = 1.302 kcal pro Tag

Die Formel für Männer lautet:

(0,047 × Gewicht in kg + 1,009 - 0,01452 × Alter in Jahren + 3,21) × 239

Sind Sie ein Mann, wiegen 71 kg und sind 40 Jahre alt, dann ergibt sich folgende Rechnung:

(0,047 × 71 + 1,009 - 0,01452 × 40 + 3,21) × 239 = (3,337 + 1,009 − 0,5808 + 3,21) × 239 = 1.667 kcal pro Tag

Zu diesem Ruheenergieverbrauch muss nun noch die Energie hinzugerechnet werden, die Sie durch Arbeit und Bewegung am Tag verbrauchen.

Die DGE gibt als Multiplikator den sogenannten PAL-Wert (physical activity level) an. Die einzelnen Faktoren können Sie der folgenden Tabelle entnehmen:

Tätigkeiten	Berufe	Faktoren
Schlafen		0,95
überwiegend sitzend o. liegend, keine Freizeitaktivitäten	Bettlägerige Menschen, Rollstuhlfahrer	1,2
überwiegend sitzend mit wenig Freizeitaktivität	Büroangestellte, Lehrer	1,3 – 1,5
Sitzend, teilweise stehend und gehend	Studenten, Kraftfahrer	1,6 – 1,7
Hauptsächlich stehend und gehend	Verkäufer, Kellner, Hausfrauen	1,8 – 1,9
Sehr anstrengende körperliche Arbeit	Leistungssportler, Bauarbeiter, Landwirte	2,0 – 2,4

Quelle: https://www.lebensmittellexikon.de/p0002500.php

Beispiel: Sind Sie die Frau mit 60 kg und 40 Jahre alt (siehe oben) und sind Sie des Weiteren Büroangestellte und in Ihrer Freizeit ziemlich inaktiv, dann ergibt sich folgende Formel:

Ruheenergieverbrauch x PAL = 1.302 kcal pro Tag × 1,4 = 1.832 kcal

Ihr Gesamtenergiebedarf wäre also **1.832 kcal pro Tag.**

Anders sieht es aus, wenn Sie in Ihrer Freizeit sportlich aktiv sind (viermal pro Woche bis zu 60 Minuten). Hier kann z. B. mit dem Faktor 1,7 gerechnet werden:

Ruheenergieverbrauch x PAL = 1 302 kcal pro Tag × 1,7 = 2.213 kcal

Ihr Gesamtenergiebedarf wäre also **2.213 kcal pro Tag.**

Sie können also schon sehen, was Bewegung ausmacht. Dieses Thema erörtere ich später noch detailliert. Ich würde vorschlagen, dass Sie jetzt erst einmal rechnen – und keine Bange, es sieht komplizierter aus, als es ist ...

Alltags-Tipp: Tragen Sie den errechneten Bedarf in Ihr Notizbuch ein! Subtrahieren Sie cirka 200 Kalorien. Schauen Sie sich diese Zahl später immer wieder an!

Schritt 5: Anders einkaufen: Was sind gesunde Lebensmittel?

Nachdem wir Ihren Kühlschrank leer geräumt haben (haben wir das?), machen Sie sich in diesem fünften Schritt unserer Schritt für Schritt Anleitung zum gesunden Abnehmen eine Premieren-Einkaufsliste. Premiere deshalb, weil Sie **so** vermutlich zum ersten Mal einkaufen werden.

Bevor Sie mit der Liste beginnen, noch einige Zahlen zum Einprägen:

1 g Fett	=	9 kcal
1 g Kohlenhydrate	=	3,75 kcal
1 EL Fett	=	135 kcal
4 TL Zucker	=	80 kcal

Beispiel: Brot 7 bis 10 Prozent Fett ← →Kuchen bis zu 56 Prozent

Sie wollen jetzt weniger fett- und zuckerhaltige Nahrungsmittel zu sich nehmen. Diese werden Sie durch Gemüse und Obst ersetzen, das künftig den größten Teil der täglichen Nahrung ausmachen wird, wie dem folgenden Schema zu entnehmen ist.

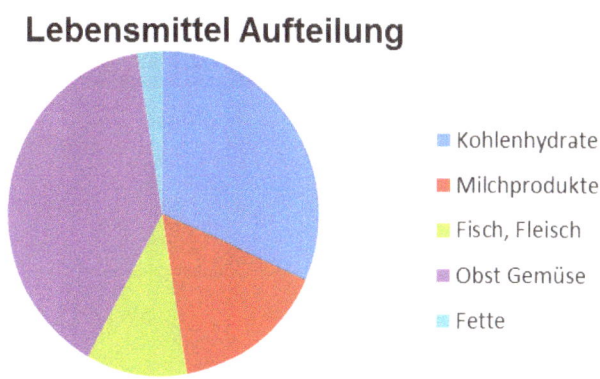

Die zweitgrößte Gruppe ist die der Kohlenhydrate. Gemeint sind gesunde Kohlenhydrate, nicht raffinierte, zuckerhaltige. Die drittgrößte Gruppe sind die Milchprodukte. Auch hier ist zu differenzieren: Sie sollen nicht den Sahnejoghurt kaufen, sondern den fettarmen, um nur ein Beispiel zu nennen. Die Gruppe mit Fleisch und Fisch ist relativ klein, zudem zählen wir in diese Gruppe auch Eier, Nüsse und Hülsenfrüchte.

Ernährungs u. Verhaltenspyramide

Quelle AdobeStock_90813666

Im Prinzip zeigt die Die Darstellung genau das, was ein gesunden Lebensstil ausmacht. Nehmen Sie einen Augenblick und analysyren Sie die Grafik.

Winzig ist die Gruppe der Fette (und Öle), wobei hier zu beachten ist, dass diverse Produkte aus den anderen Gruppen Fett enthalten, weshalb diese Gruppe in Wahrheit etwas größer ist.

Jetzt haben Sie einen ersten Anhaltspunkt bezüglich des richtigen Verhältnisses der Lebensmittel.

Auch bei der Wahl der Lebensmittel innerhalb dieser Gruppen ist Aufmerksamkeit angesagt:

Gemüse und Obst: Der Gemüse-Anteil sollte größer sein als der Obstanteil, da Gemüse sehr viel weniger Fruchtzucker hat als Obst. Außerdem: Nicht zu viel Obst auf einmal essen – aus dem selben Grund! Obst mit weniger Fruchtzucker ist vorzuziehen.

Kohlenhydrate: Gesunde Kohlenhydrate befinden sich in Vollkornprodukten. Meiden Sie Nahrungsmittel aus raffiniertem Weißmehl!

Milchprodukte: Wie schon angedeutet, nicht die fetten Sahneprodukte, sondern fettarme Varianten wählen!

Fisch, Fleisch: Wenig rotes Fleisch, ganz wenig Schwein!

Fette: Sie sollten Sie künftig Nahrungsmittel mit gehärteten Fetten, die sich in süßen Produkten wie Brotaufstrichen und Keksen, aber auch in Margarine (siehe Punkt „Fette") finden, meiden. Demgegenüber werden Sie vermehrt ungesättigte Fettsäuren, genauer einfach ungesättigte Fettsäuren (Öle, Nüsse) und mehrfach ungesättigte Fettsäuren (fetter Fisch) zu sich nehmen.

Des Weiteren werden mehr bzw. überhaupt ballaststoffhaltige Produkte auf dem Speiseplan stehen, durch welche die Nahrung langsamer verdaut wird. Das ist vorteilhaft für den Blutzucker und das Cholesterin, beide steigen nicht so sprunghaft an wie bei der Aufnahme von stark zuckerhaltigen Lebensmitteln.

Alltags-Tipp: Gewöhnen Sie sich an, viel zu trinken! Es müssen nicht vier Liter am Tag sein, aber mindestens 1,5, besser 2 Liter. Das braucht der Organismus, außerdem dämpft es den Hunger etwas. Und bitte: keine handelsüblichen Obstsäfte, Cola o. Ä. Am besten Leitungswasser! Wenn Sie wollen, können Sie dieses filtern.

Auf Ihrer Einkaufsliste sollten Lebensmittel mit niedrigem glykämischen Index stehen. Mit dem glykämischen Index (GI) lässt sich bestimmen, welchen Einfluss Lebensmittel auf den Blutzuckerspiegel haben. Hoch ist der GI zwischen 70 und 100, niedrig unter 55.

Die folgenden Tabelle enthält empfohlene Lebensmittel (inklusive glykämischem Index, Kohlenhydrat-, Fett- und Eiweißanteil sowie

Kilokalorien), die Sie nun regelmäßig verzehren können. Die Angaben beziehen sich auf jeweils 100 Gramm.

Lebensmittel	KH	Fett	EW	kcal	GI
Apfel	11	0,2	0,4	52	35
Heidelbeeren	6,0	0,0	1,0	39	25
Blumenkohl	2,0	0,0	3,0	25	15
Brokkoli	2,9	0,2	4,0	34	15
Eisbergsalat	0,7	0,0	0,5	7	< 15
Grüne Bohnen	5,0	0,0	2,0	32	30
Kohlrabi	4,0	0,4	2,0	30	15
Mangold	1,0	0,6	1,5	23	15
Paprika, grün	2,8	0,2	1,0	20	15
Roggenvollkornbrot	36	1,0	6,0	199	45
Sonnenblumenbrot	32	5,1	6,0	216	43
Schwarzbrot	39,2	2,4	10,0	231	
Vollkornbrot	36	2,4	7,0	208	40
Wildreis, gekocht	27	0,5	5,4	138	35
Buttermilch	4,2	1,3	3,8	44	36
Frischkäse, körnig	1,1	4,2	11,9	90	30
Harzer Käse	0,0	0,5	28,0	116	30
Joghurt, 1,5%	5,0	1,5	3,4	47	33
Magerquark	4,0	0,0	14,0	72	30

Lebensmittel	KH	Fett	EW	kcal	GI
Bismarckhering	3,0	12,0	13,0	172	< 55
Forelle	0,0	5,0	19,0	121	< 55
Lachs	0,0	12,0	20,0	188	< 55
Zander	0,0	1,0	20,0	89	< 55
Olivenöl	0,0	100,0	0,0	900	< 55
Sesamöl	0,0	100,0	0,0	900	< 55
Balsamico Essig	16,0	0,0	0,2	65	< 55

Natürlich erschöpft sich die Liste damit nicht. Eine vollständige Liste würde den Rahmen dieses Buches sprengen. Vollständige Listen finden Sie im Internet oder in Büchern. Sollten Sie ein Smartphone benutzen, gibt es auch hier zahlreiche gute kostenlose Apps mit großen Lebensmitteldatenbanken.

Sie erkennen, worauf es mir ankommt. Sie können beispielsweise alle grünen Salate essen, die haben wenig Kalorien und Fett, dagegen viele Vitamine und Mineralstoffe.

Bei manchen Lebensmitteln verändert sich der Glykämische Index mit der Verarbeitung, so haben z. B. rohe Karotten einen GI von 30, gekochte einen GI von 85. Auch bei verarbeiteten Kartoffeln ist der GI unterschiedlich hoch: kochen mit Schale 65, geschält kochen 70, im Ofen gebacken oder frittiert bis zu 95.

Alltags-Tipps:

Müsli: *Vorsicht beim Kauf – mitunter ist viel Zucker enthalten, am besten: Sie mischen selbst aus Flocken, und meiden Sie Trockenfrüchte, die haben viele Kalorien und einen hohen Fructosegehalt!*

Öle: *Auch hier ist Vorsicht geboten. Kaufen Sie nur gute Öle, d. h. Öle der ersten (kalten) Pressung, vermerkt ist das auf dem Etikett mit „Extra vergine".*

Verdauung anregen: *Das gelingt mit Artischocken, Brunnenkresse, Chicorée, Chili, Endivie, Fenchel, Ingwer, Sellerie, Petersilie, Zimt.*

Kalziumspender: *Ziegen- und Schafsmilch, Nüsse, Sesam, Hülsenfrüchte.*

Kalzium-Absorption: *wird durch Vitamin D oder fetten Fisch verbessert.*

Eisen-Absorption: *wird durch Vitamin C verbessert.*

Schritt 6: Frisch und natürlich

Am gesündesten sind diejenigen Lebensmittel, die frisch und natürlich sind. Natürlich heißt naturbelassen, also so, wie wir sie in der Natur vorfinden. Das lässt sich nicht in jedem Fall machen, z. B. ist es keineswegs gesund, rohe Kartoffeln, ungegarte Bohnen oder rohes Fleisch zu essen. Deshalb schränke ich ein: so natürlich wie möglich. Und so versteht es sich von selbst, dass Fertigprodukte abzulehnen sind.

Es gilt folgende Faustregel: Je mehr ein Lebensmittel verarbeitet ist, umso weniger gesund ist es, denn mit der Verarbeitung gehen nicht nur wichtige gesunde Bestandteile des Ursprungsproduktes verloren (Vitamine, Mineralstoffe, Ballaststoffe), sondern es kommen ungesunde dazu (Konservierungsstoffe, Geschmacksverstärker). Im schlechtesten Fall ist das Resultat ein Kunstprodukt, das sich eher nach Chemie als nach Natur anhört.

Wenn es Ihnen also möglich ist, dann kaufen Sie so viel und so oft wie möglich frische Lebensmittel auf dem Markt, vor allem Gemüse und Obst. Das ist etwas teurer als im Discounter (vielleicht auch nicht), aber Sie sollten sich ohnehin abgewöhnen, nur preiswerte Lebensmittel zu kaufen. Ihrem Auto geben Sie ja auch nicht den billigen Sprit, wenn es den teuren braucht. Und wollen Sie Ihren Körper schlechter behandeln als Ihr Auto?

Alltags-Tipp: Auch hier gilt wieder: Schauen Sie beim Einkaufen auf die Zutatenlisten: Sind diese sehr lang, legen Sie das Produkt zurück ins Regal!

Das i-Tüpfelchen wäre dann noch, wenn Sie sich angewöhnten, regional und saisonal zu kaufen. Auch das geht nicht bei allen Lebensmitteln, so müssten Sie beispielsweise auf eine Reihe von Obstsorten verzichten, aber es lässt sich ja prozentual verschieben, mehr Regionales/Saisonales, weniger Südfrüchte & Co.

So werden Sie leistungsfähig, vital und fit

Schritt 7: Ohne Bewegung geht nichts

Woche 4: Sie probieren verschiedene Bewegungsarten aus und machen zum zweiten Mal den Ausdauer- und Konditionstest.

Metastudie : *Zusammenhang Bewegung und Krankheiten*

In einer Metastudie haben australische und amerikanische Wissenschaftler den Zusammengang zwischen körperlicher Aktivität und einem geringeren Risiko für Brust- und Darmkrebs, Diabetes, Herzinfarkt und Herz-Kreislauf-Erkrankung auf der Grundlage von 174 Studien untersucht, die zwischen 1980 und 2016 veröffentlicht wurden und den Zusammenhang mit mindestens einer der Krankheiten behandelten.

Die Wissenschaftler bestätigten, dass häufigere körperliche Aktivität das Risiko für alle fünf Erkrankungen reduziert. Als Beste wurde eine Aktivität von 3000-4000 Met (Metabolisches Äquivalent) Minuten in der Woche angegeben. 3000 MET Minuten wöchentlich können durch zehnminütiges Treppensteigen, 20 Minuten Gartenarbeit, 20 Minuten Laufen und 25 Minuten Gehen oder Fahrradfahren erzielt werden. Das ist fünfmal mehr, als die WHO empfiehlt. 3600 MET Minuten würden das Diabetes-Risiko um rund 20 Prozent senken. Bei mehr als 8000 MET Minuten kann das Risiko für Brustkrebs um 14 Prozent, für Darmkrebs um 21 Prozent, für Diabetes um 28 Prozent, für Herz-Kreislauferkrankungen um 25 Prozent und für einen Herzinfarkt um 26 Prozent gesenkt werden.

Quelle: http://www.heise.de/tp/artikel/49/49084/1.html

Viele Menschen denken, wenn sie sich nicht bewegen, tun sie lediglich nur nichts für ihre Gesundheit. Leider ist es viel schlimmer: Sie tun, indem sie nichts tun, etwas gegen ihre Gesundheit. Und zwar eine ganze Menge. Neben der Zunahme des Körpergewichtes geschieht Folgendes:

- Die Verdauung wird gestört,
- die Herzkraft lässt nach,
- die Durchblutung verschlechtert sich,
- Muskeln und Bindegewebe erschlaffen,
- die Gefäße verkalken aufgrund der Erhöhung der Blutfette.

Schon das macht klar: Ohne Bewegung funktioniert Abnehmen nicht. Doch keine Sorge: Niemand verlangt von Ihnen Höchstleistungen.

Nein, es geht um die regelmäßige Bewegung. Dreimal die Woche sollten Sie sich in Ihre Sportsachen werfen (haben Sie die eigentlich schon gekauft?) und los geht es.

Ich empfehle schnelles Gehen/Walken und/oder Radfahren und/oder Schwimmen und/oder Nordic Walking. Letzteres ist ehrlich gesagt mein Favorit, da hier wie beim Ski-Langlauf sehr viele Muskelgruppen angesprochen werden. Vermissen Sie in dieser Aufzählung das Joggen? Wenn Sie dieses favorisieren, werde ich Sie davon nicht abhalten. Aber ich gebe zu bedenken: Joggen mit Übergewicht ist nicht ohne, da oftmals durch die Belastung, durch das hohe Gewicht die Knie sowieso schon in Mitleidenschaft gezogen sind. Und beim Joggen werden die Gelenke durch das Stauchen zusätzlich belastet. Auch ist Joggen für den, der gerade mit dem Sport beginnt, ziemlich schwer und kann schnell demotivierend wirken.

Art der Bewegung	kcal pro Stunde
Schnelles Gehen	125
Radfahren	250
Nordic Walking	300
Tanzen	380
Schwimmen	620
Laufen	600

Bei diesen Werten handelt es sich um ungefähre Richtwerte. Abhängig ist der Kalorienverbrauch immer auch vom Gewicht und der Intensität der Ausführung des jeweiligen Sports.

Also: Sie haben jetzt einige Tage Zeit, um verschiedene Sportarten auszuprobieren und die beste für sich herauszufinden. Natürlich können Sie auch kombinieren. Haben Sie Spaß an der Bewegung und Ihren Leistungssteigerungen!

Positive Effekte der Bewegung:
- Sie nehmen ab,
- die Förderleistung des Herzens nimmt zu,
- die Sauerstoffaufnahme wird erhöht,
- der Stoffwechsel wird angeregt,
- der Blutzuckerspiegel sinkt.

Zum letzten Punkt hat das NDR-Magazin „Visite" im September 2016 eine Mini-Studie durchgeführt:

Studie: Bewegung senkt den Blutzuckerspiegel, NDR

Zwei Diabetiker mit hohen Blutzuckerwerten sollten sich einen Tag lang sehr wenig bewegen. Resultat: Ihre Blutzuckerwerte stiegen trotz Medikamente an. Am nächsten Tag sollten Sie sich viel bewegen, gefordert war, 10.000 Schritte zu gehen. Die Blutzuckerwerte sanken so stark, dass weniger Insulin gespritzt werden konnte.

Fazit: Durch regelmäßige Bewegung können die Blutzuckerwerte gesenkt werden, denn dadurch nimmt die Muskulatur aus dem Organismus Energie in Form von Glukose auf. Zuerst wird diese aus den Stärke- und Zuckerdepots der Zellen gewonnen, wenn die leer sind, aus dem Blut, so kann der Blutzuckerspiegel gesenkt werden. Der Effekt hält bis zu zwei Tage an. Empfohlen wird viermal pro Woche eine halbe Stunde Bewegung, dann lassen sich die Werte dauerhaft verbessern. Es ist sogar möglich, Diabetes mellitus ganz zu beseitigen, was jedoch nur gelingen kann, wenn der Körper selbst noch Insulin produziert.

Quelle: https://www.ndr.de/fernsehen/sendungen/visite/

Beginnen Sie langsam, unabhängig davon, welche Bewegungsart Sie wählen. Damit gelingen zwei Dinge:
1. Sie kommen nicht zu schnell außer Atem
2. und wärmen sich gleichzeitig auf.

Wie schon erwähnt (Test, der erste), wäre es günstig, wenn Sie sich ein Pulsmessgerät kaufen (Auf fitness-plan.org haben wir für Sie Fitness-Armbänder getestet und verglichen.). Das hat folgenden Sinn: Das Pulsmessgerät misst nicht nur Ihren Puls, sondern es gibt durch akustische Signale an, wann Sie unterhalb und wann Sie oberhalb des jeweiligen Bereiches sind, in dem sie sich bewegen wollen. Sind Sie zu langsam, wird nicht genug Energie verbrannt, sind Sie zu schnell, d. h. oberhalb des aeroben Bereiches, werden Sie buchstäblich sauer, d. h. die Muskeln übersäuern und der Effekt ist dahin.

Folgende Bereiche werden unterschieden:

- Gesundheitszone: 50 bis 60 Prozent der maximalen Herzfrequenz,
- Fettverbrennungszone: 60 bis 70 Prozent der maximalen Herzfrequenz,
- Aerobe Zone: 70 bis 80 Prozent der maximalen Herzfrequenz,
- Anaerobe Zone: 80 bis 90 Prozent der maximalen Herzfrequenz,
- Warnzone: 90 bis 100 Prozent der maximalen Herzfrequenz.

Sie sollten Ihren Bereich für den Anfang an der zweiten, später an der dritten Zone festmachen.

Die Formel (für den Bereich der Fettverbrennung) lautet:

Minimalpuls: 220 minus Alter mal 0,6,

Maximalpuls: 220 minus Alter mal 0,7.

Sind Sie 40 Jahre alt, ergibt sich folgende Rechnung:

Minimalpuls: 220 – 40 x 0,6 = 108
Maximalpuls: 220 – 40 x 0,7 = 126

Sie sollten also einen Puls von 108 nicht unterschreiten und von 126 nicht überschreiten.

Alltags-Tipp: *Wenn es möglich ist, legen Sie Ihre sportliche Aktivität auf den Morgen. Da der Magen leer ist, schaltet der Organismus schneller auf die Fettverbrennung um, was das Abnehmen begünstigt.*

Ich empfehle, Laufschuhe und Sportsachen direkt vor das Bett zu legen, damit am Morgen erst gar keine Diskussion mit dem „inneren Schweinehund" entsteht.

Ausdauer- und Konditionstest, der zweite

Heute machen Sie zum zweiten Mal den Ausdauer- und Konditions-Test.

Tragen sie hier Ihre Ergebnisse ein:

Datum	Puls	Gefühl: (leicht, anstrengend, aus der Puste)

Gern können Sie auch den zweiten Test noch einmal machen.

Schritt 8: Gesunde Snacks für mehr Power

Zusätzliche Tipps

Sind Sie der Meinung, dass der kleine Snack zwischendurch nicht sein darf, weil Sie ja abnehmen wollen? Vielleicht können Sie sich die Antwort bereits selbst geben. Nein – es schadet nicht. Es ist sogar gesund. Und auf diesem Wort liegt auch die Betonung. Gesund sollen sie sein, die Snacks. Außerdem bewirken sie noch etwas anderes: Bei der nächsten Hauptmahlzeit ist der Hunger nicht ganz so groß.

Im Internet findet sich eine Unzahl von Websites mit Rezepten für gesunde Power-Snacks. Viele davon entpuppen sich als nicht so gesund, wie sie scheinen. Deswegen wird es Sie einige Übung kosten, um hier die richtigen für sich zu entdecken. Probieren Sie! Testen Sie aus, was Ihnen gut schmeckt, welche Kombinationen Sie bevorzugen.

Hier kommen drei Power-Snack Vorschläge von mir:

Gemüse-Sticks mit Knoblauch-Joghurt-Dip

Zutaten:

200 g Gurke, Karotten und Kohlrabi

4 mittelgroße Radieschen

Für den Knoblauch-Joghurt-Dip:

200 g Natur-Joghurt (1,5 % Fett)

2 Knoblauchzehen

1 TL Olivenöl

2 Prisen Salz

Petersilie

Rezept:

Das Gemüse in Sticks schneiden.

Die Knoblauchzehen pressen, mit Olivenöl und Salz vermengen, dann in den Joghurt geben und verrühren. Zum Schluss gehackte Petersilie dazugeben.

Das Gemüse bringt Vitamine und Mineralstoffe. Knoblauch regt den Kreislauf an, fördert die Herzgesundheit und senkt das Schlaganfallrisiko. Petersilie enthält Vitamin C.

Chia-Pudding mit Heidelbeeren

Zutaten:
3 EL Chia-Samen
100 g Heidelbeeren
Wasser/Milch

Rezept:

Chia-Samen mit Wasser und/oder Milch (alternativ: Mandel- oder Kokosmilch) bedecken und über Nacht quellen lassen. Heidelbeeren dazugeben.

Chia-Samen gelten in Zeiten des Superfood als solches. Kritiker des Trends haben festgestellt, dass Leinsamen in unserem Organismus dieselbe Wirkung erzielt, doch für dieses Rezept macht sich Chia recht gut.

Chia selbst schmeckt nach nichts, enthält aber viele Ballaststoffe, Eiweiß und Fett. Ein gesunder Snack für die Mittagspause im Büro – besonders an heißen Tagen.

Ananas in Fenchel mit Avocado-Paste

Zutaten:

2 Fenchelblätter

6 EL gewürfelte Ananas

1 TL Avocado-Paste

Rezept:

Die Fenchelblätter waschen, wenn die Knolle frisch ist, können Sie die äußeren Blätter verwenden. In die Blätter die gewürfelten Ananas-Stücke geben und darauf die Avocado-Paste streichen.

Fenchel ist gesund und macht satt. Ananas gehört zu den gesündesten Lebensmitteln und ist einer der sogenannten Fatburner. Sie wirkt zudem entzündungshemmend und verdauungsfördernd. In der Avocado-Paste sind gesunde Fette enthalten. Sie ist kalorienreich, deshalb nur sparsam verwenden.

Regeneration und Entspannung

Schritt 9: Regeneration – Pausen müssen sein

Woche 5: Gönnen Sie sich Ruhe: Wir legen eine Pause ein, denn Regeneration ist wichtig.

Zur Gesundheit gehört neben der gesunden Ernährung und der Bewegung auch die Entspannung. Viele Menschen gönnen sich diesen „Luxus" nicht bzw. sind nicht mehr in der Lage zu entspannen. Das ist gesundheitsschädlich.

Studie: „Betriebliches Gesundheitsmanagement 2016" im Auftrag der pronova BKK

Nach dieser ganz neuen Studie fühlen sich neun von zehn Deutschen im Job gestresst. Insgesamt wurden 1.660 Menschen befragt. Ergebnis: 86 Prozent leiden unter Stress im Job. Als größte Stressfaktoren wurden angegeben: 38 Prozent – permanenter Termindruck, 37 Prozent – schlechtes Arbeitsklima, 36 Prozent – emotionaler Stress. Weitere Stressfaktoren sind: Überstunden sowie selbst nach Feierabend ständig erreichbar sein zu müssen. Bei den 18- bis 39-Jährigen empfinden sogar 91 Prozent Stress im Job.

Quelle: http://www.re-bem.de/studie-stress-im-job-ist-allgegenwaertig/

86 Prozent fühlen sich im Job gestresst. Das ist eine alarmierende Zahl. Die Folgen sind gravierend. Diese Art Stress macht krank. Es handelt sich um den sogenannten Disstress. Dieser wird im Gegensatz zum Eustress stets als negativ empfunden, beinhaltet Belastung und Überforderung und führt zu Krankheiten wie Herz-Kreislauf-Beschwerden, Migräne, Gastritis, Bluthochdruck, Verdauungsbeschwerden, Hormonstörungen, Atembeschwerden und Schlafstörungen.

Stichwort: Herz-Kreislauf-Erkrankungen: Sie sind die Todesursache Nr. 1 in Deutschland. „Insgesamt waren Herz-Kreislauf-Erkrankungen (ohne Schlaganfälle) 2013 für 354.493 Todesfälle verantwortlich und sind somit mit einem Anteil von 66,1 Prozent nach wie vor die Todesursache Nummer 1 in Deutschland" heißt es im Deutschen Herzbericht der Deutschen Gesellschaft für Kardiologie 2014. Die Ursachen sind vielfältig, einer von vielen Gründen ist Stress.

Neben den körperlichen Krankheitsfolgen kommt es zur Erkrankung der Psyche. Ängste, Panik, Depressionen, Burn-out – für die meisten gibt es kein Entkommen, denn das Hamsterrad dreht sich immer weiter.

Umso wichtiger ist es, Strategien zu entwickeln, mit dem klarzukommen, was ich nicht direkt ändern kann. Dazu gehören Entspannungstechniken.

Ruhepausen und Entspannung sind wichtig. Sie müssen Ihrem Körper und Ihrem Geist ermöglichen (und erlauben) runterzukommen. Vielen gelingt das nicht mehr, sie stehen permanent unter Strom. Das powert aus und macht krank. Organismus und Psyche müssen zwischendurch auf ein annehmbares Level heruntergebracht werden, sonst sinkt die Leistungsfähigkeit auf allen Ebenen: im Alltag, im Job, beim Sport. Wir aber wollen das Gegenteil erreichen.

Schritt 10: Entspannen mit der Progressiven Muskelentspannung

Seit einigen Jahren ist die Progressive Muskelentspannung in Deutschland gern praktizierte Entspannungstechnik. Diese Technik ist relativ leicht zu erlernen, zumindest im Vergleich zu Meditation und Zen-Meditation.

Die Progressive Muskelentspannung wurde von Edmund Jacobson (1888 bis 1983) entwickelt. Sie beruht auf dem Gegensatz von Muskelan- und Muskelentspannung. Es werden 16 Muskelgruppen zunächst angespannt und dann wieder entspannt, wobei es wichtig ist, dies ganz bewusst zu tun. Wer diese Entspannungsmethode regelmäßig anwendet, wird auch im Alltag Anspannungen leichter wahrnehmen und kann diese beseitigen. So lässt sich Energie sparen und Verkrampfungen, insbesondere im Kopf-, Schulter- und Rückenbereich, vorbeugen.

Die ersten beiden Übungen der Progressiven Muskelentspannung nach Jacobson sehen wie folgt aus:

- Die rechte Hand zur Faust ballen und die Muskeln von Hand und Unterarm so stark anspannen, wie Sie nur können (Linkshänder beginnen mit der linken Hand), dann wieder entspannen.
- Den rechten Arm anwinkeln und gegen den Oberkörper drücken, Hand und Unterarm entspannt lassen, Spannung halten und entspannen, der Entspannung nachspüren.
- Danach folgt dasselbe mit dem anderen Arm.

Die Phase der Anspannung sollte cirka sieben Sekunden betragen, die der Entspannung 20 Sekunden, dann folgt eine Wiederholung, wonach 40 Sekunden Entspannung vorgesehen sind, bevor die nächste Muskelpartie folgt.

Alltags-Tipp: Gönnen Sie sich auch einfach einmal Zeit für sich! Alles ist erlaubt, was Sie entspannt und Ihre Batterie auflädt.

Ausdauer- und Konditionstest, der dritte

Der Abschluss Woche 5

Tragen Sie hier Ihre Ergebnisse ein:

Datum	Puls	Gefühl: (leicht, anstrengend, aus der Puste)

Das war jetzt unser dritter und in der Schritt für Schritt Anleitung letzter Ausdauer- und Konditionstest. Welchen Fortschritt konnten Sie erzielen? Sind Sie zufrieden? Natürlich ist es nur ein kleiner Test, um grobe Veränderungen Ihrer Fitness zu messen. Professionelle Fitness-Checks können Sie beim Sportmediziner oder im Fitnessstudio durchführen lassen. Ich sehe aber die kleinen Ausdaueraufgaben mehr als kleine Motivations-Spritzen an, an denen man kleine Veränderungen bemerkt und so sichergeht, dass sich die Mühen lohnen.

Schritt 11: Überprüfen und Durchhalten

Alles noch mal durchgehen, motivieren

Die letzten Tage unserer Schritt für Schritt Anleitung zum gesunden Abnehmen sind angebrochen. Wie fühlen Sie sich? Stolz?! Das können Sie wirklich sein, wenn Sie durchgehalten haben. Noch stolzer können Sie auf sich sein, wenn Sie von nun an allein durchhalten.

Ich schlage vor, dass Sie alles, was Sie neu gelernt haben, noch einmal durchgehen. Schreiben Sie sich einen großen Zettel mit den wichtigsten Punkten.

Wichtig sind jetzt:

- **Das Durchhalten:** Der nächste Schritt der Umsetzung der Schritt für Schritt Anleitung zum gesunden Abnehmen jetzt: Machen Sie sich klar, dass Ihre Umstellung nicht nur für ein paar Wochen oder Monate gilt, sondern für immer!

- **Die Motivation:** Wenn Sie an einen Tiefpunkt gelangen oder rückfällig zu werden drohen, dann halten Sie sich vor Augen, was Sie bereits geschafft haben. Sehen Sie sich übergewichtige Menschen genau an und fragen Sie sich, ob Sie das wiederhaben wollen.

- **Der Glaube:** Seien Sie zuversichtlich! Sagen Sie sich: Ich schaffe das! Glauben Sie an Ihre eigene Stärke, das Ziel, das Sie verfolgen, erreichen zu können!

Alltags-Tipp: Wenn der Appetit auf Süßes einmal tatsächlich groß ist, dann gönnen Sie sich ein, zwei Stücke Schokolade! Genießen Sie! Besser so, als wenn der Appetit so übergroß wird, dass Sie dann eine ganze Tafel essen. Aber machen Sie sich bewusst: Das ist eine Ausnahme!

Den inneren Schweinehund überwinden: All diese Punkte einzuhalten erfordert viel Disziplin und einen starken Willen. Immer wieder muss der innere Schweinehund überwunden werden. Jeden Tag müssen Sie sich wieder von den Süßigkeiten-Regalen fernhalten und zur Bewegung motivieren. Das ist Arbeit. Außerdem werden Sie nicht so schnell abnehmen wie bei einer Diät, dafür aber gesünder.

Apropos gesund: Da Sie Ihren Körper nun nicht mehr mit einem ständigen Auf und Ab von Diät- und Nicht-Diätphasen ärgern, bekommt das Ihren Organen besser. Und darüber hinaus schützt Sie eine gesunde ausgewogene Ernährung in Verbindung mit Bewegung vor Krankheiten wie Diabetes mellitus, Hypertonie & Co.

Ausnahmen sind anders zu behandeln: Natürlich gibt es Menschen, die selbst bei gesunder Ernährung und mit viel Bewegung nicht oder nicht viel abnehmen. Hier können Erkrankungen zugrunde liegen, deren Ursachen beseitigt werden müssen. Sie als „Otto-Normal-Mensch" allerdings können mit einer dauerhaften gesunden Lebensweise abnehmen. Und mehr noch: Sie werden gesünder, fitter und gewinnen an Lebensenergie und Lebensfreude. Na, wenn das kein Ansporn ist …

Wir wünschen Ihnen viel Spaß und Erfolg auf Ihrem Weg zu einem neuen Lebensgefühl!

Vielen Dank, dass Sie sich für dieses Buch entschieden haben; ich hoffe, wir konnten Ihnen einen alternativen gesunden Lebensstil darlegen. Alle Angaben im Buch sind nach bestem Gewissen und Wissen ausgesucht. Natürlich gibt es immer andere Meinungen und neue Erkenntnisse. Gerne nehmen wir neue Anregungen und Vorschläge auf.

Dieses Buch ist ein Community Projekt der Fitness-plan.org Gemeinschaft.

Wir würden uns freuen, wenn Sie ein Teil unserer Gemeinschaft werden und wir uns so gegenseitig bereichern könnten.

Weitere Infos unter:

www.Fitness-Plan.org

www.facebook.com/fitnessplan

https://twitter.com/FitnessPlan_org

Literaturverzeichnis

de.wikipedia.org/wiki/Di%C3%A4t

europa.eu/youth/node/35707_de

presse.barmer-gek.de/barmer/web/Portale/Presseportal/Subportal/Infothek/
Studien-und-
Reports/Report-Krankenhaus/Krankenhausreport-2016/Report-Krankenhaus-
2016.html

www.adipositas-gesellschaft.de/index.php?id=255

www.berlin.de/special/gesundheit-und-beauty/ernaehrung/diaet/2471143-
2399675-warnung-
vor-gefaehrlichen-super-slimkaps.html

www.berlin-institut.org/online-handbuchdemografie/bevoelkerungsdynamik/
auswirkungen/uebergewicht.html

www.dge.de/ernaehrungspraxis/vollwertige-ernaehrung/10-regeln-der-dge/

www.focus.de/gesundheit/ernaehrung/gesundessen/tid-
8767/uebergewicht_aid_236175.html

www.focus.de/gesundheit/news/studie-zum-uebergewicht-einige-kilos-mehr-
einige-
lebensjahre-weniger_id_5730222.html

www.herzstiftung.de/pdf/presse/herzbericht-2014-dgk-pm.pdf

www.lebensmittellexikon.de/d0000680.php

www.oecd.org/berlin/publikationen/obesityandtheeconomicsofprevention-
fitnotfat.html

www.re-bem.de/studie-stress-im-job-ist-allgegenwaertig/

www.trainingsworld.com/training/leistungsdiagnostik-testen-ausdauer-
2684335.html

www.yaacool-beauty.de/index.php?article=808

MIX

Papier | Fördert
gute Waldnutzung

FSC® C083411

Zeitfracht Medien GmbH
Ferdinand-Jühlke-Straße 7
99095 Erfurt, Deutschland
produktsicherheit@kolibri360.de